57, rue Gaston-Tessier 75019 Paris
ISBN : 979-10-235-2017-0
Dépôt légal : août 2024 – Tirage n° 1
Loi 49-956 du 16 juillet 1949 sur les publications
destinées à la jeunesse

Éditrice : Camille von Rosenschild
Conception graphique : Laurence Salaün
Fabricante : Virginie Leroux
Photogravure : IGS
Achevé d'imprimer en juin 2024
sur les presses de Rotolito, en Roumanie
www.seuiljeunesse.com

Gilles Rapaport
Laurence Salaün

KETCHUP OU MAYO ?

Le grand livre des choix impossibles

SEUIL JEUNESSE

CHIPS OU FRITES ?

Frites !

ÉTÉ OU HIVER ?

SAMEDI OU DIMANCHE ?

SUCRÉ OU SALÉ ?

PILE OU FACE ?

GARÇON OU FILLE ?

CHAMEAU OU

DROMADAIRE ?

FROMAGE OU DESSERT ?

Mais si, j'ai encore de la place...

JOUR OU NUIT ?

Je préfère quand tu fais ça le jour...

PETITS CAILLOUX OU MIETTES DE PAIN ?

ROND OU CARRÉ ?

PETIT OU GRAND ?

Merci
Père Noël...

BOUÉE OU BRASSARDS ?

Voilà, tu es en sécurité, maintenant !
Merci maman.

aigle royal !
cheval !
boa constrictor !!
crocodile du Nil !

CHAT OU CHIEN ?

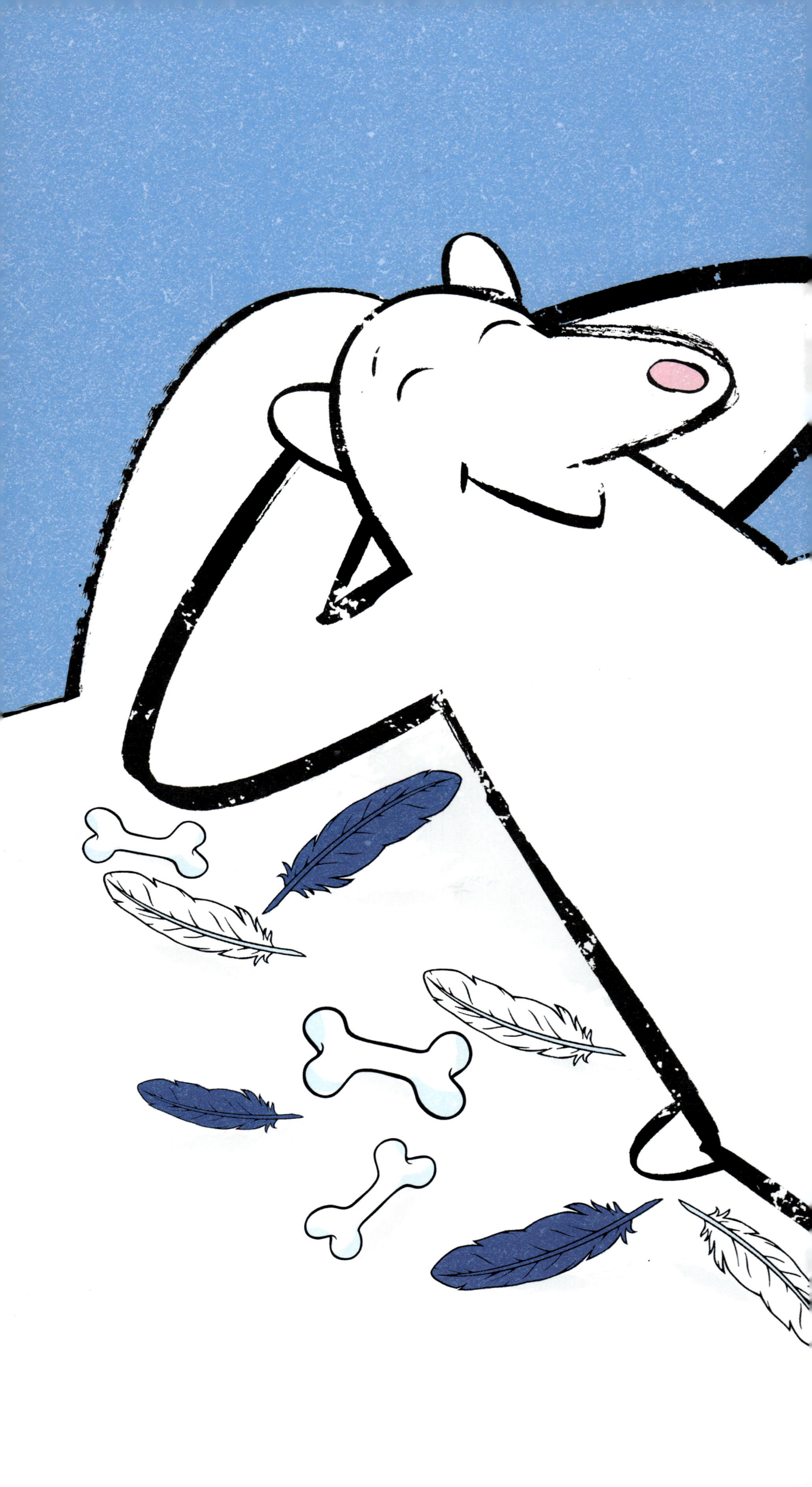

PINGOUIN OU MANCHOT ?

DOUCHE OU BAIN ?

Même si je me
suis déjà lavé
il y a trois jours ?!

PANTALON OU LEGGING ?

Tu n'as pas réussi à choisir ?

BÊTE OU MÉCHANT ?

MER OU PISCINE ?

Il y a une
différence ?

CÂLINS OU BISOUS ?

VILLE OU CAMPAGNE ?

YOU WIN !

TRAIN OU VOITURE ?

TRAIN !

MUSIQUE OU DESSIN ?

VO OU VF ?

C'est du vice.

PAPA OU MAMAN POUR LES DEVOIRS ?

MAMAN !

ŒUF À LA COQUE OU AU PLAT ?

SPIDERMAN OU BATMAN ?

CACAMAN.

DENTISTE OU ORTHO-DONTISTE ?

Je viens demander l'asile !

TRESSES OU QUEUE DE CHEVAL ?

ROT
OU PET ?

PREMIER OU DERNIER ?

LE MEILLEUR AU DÉBUT OU À LA FIN ?

Des mêmes auteurs au Seuil Jeunesse :

À la maison, il y a des règles !
À l'école, il y a des règles !
En famille, il y a des règles !
Dans la vie, il y a des règles !
À l'école, il y a (encore) des règles !

C'est quoi être un bon élève ?
C'est quoi être un grand ?
Alors c'est quoi la vie ?

Où vont les doudous quand ils meurent ?
Les doudous vont-ils à l'école ?
Les doudous ont-ils des amoureux ?
Les doudous ont-ils peur du noir ?

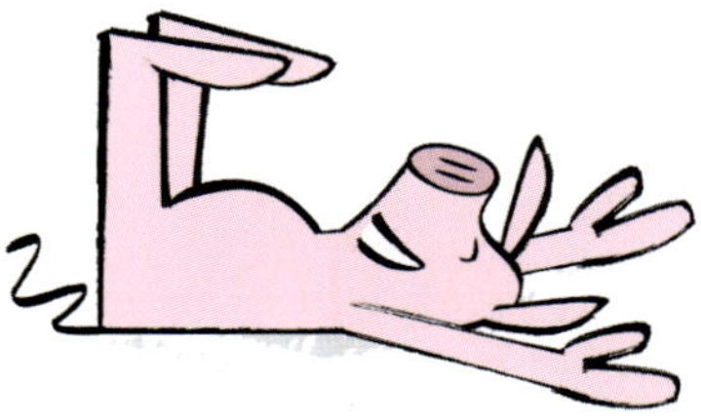